RÉPUBLIQUE FRANÇAISE.

Garde Nationale de la Seine.

BANQUET FRATERNEL

DE LA

3e COMPAGNIE, 4e BATAILLON, 7e LEGION.

COMPTE-RENDU DE LA RÉUNION.

DISCOURS EN VERS

DU SERGENT JULES RENARD.

Avril 1848.

CHÉZAUD ET BRAULART, ÉDITEURS,

55, RUE DE LA VERRERIE.

Aujourd'hui, la 3e compagnie du 4e bataillon de la 7e légion de Paris, a inauguré sa nouvelle organisation et fêté ses élections dans un banquet patriotique et fraternel, que M. le curé de Saint-Merri est venu bénir.

A quatre heures, la compagnie était encore à ses élections; à six heures, 450 convives, debout, découverts, rangés autour de tables frugalement servies, saluaient de leurs vivats l'entrée de leurs nouveaux élus dans la salle du festin. Les tambours battaient aux champs, les officiers supérieurs de la légion et du bataillon, escortés par les officiers de la compagnie, avaient peine à arriver à leurs places réservées, tant ils avaient à rendre de fraternelles poignées de mains. C'était un imposant spectacle, et ceux qui en ont été les témoins conserveront toujours le souvenir d'une fraternité si vraie, et dont l'éclatante manifestation a ému tous les cœurs. Ouvriers, négociants, patrons, commis, tout le monde était confondu, ce n'était plus qu'une famille de citoyens, de frères, se serrant avec bonheur, comme les passagers d'un vaisseau qui viennent d'échapper au naufrage.

Aucun discours ne pourrait rendre l'enthousiasme excité par les toasts portés à la République, au Gouvernement provisoire, aux travailleurs, à l'armée, et par une allocution paternelle et chaleureuse à la fois de M. le curé de Saint-Merri. Le ministre du Christ, du premier prédicateur des idées républicaines, donnant une accolade fraternelle à toute la compagnie dans la personne de son capitaine, a été salué par des bravos unanimes.

Une chanson en l'honneur des Polonais a fait couler plus d'une larme. Les chants patriotiques, les vieux chants nationaux éclataient avec leur puissance rajeunie.

Un discours en vers, composé pour la circonstance par le citoyen Jules Renard, a, dans plusieurs passages, soulevé des tonnerres d'applaudissements.

Dans l'expression continuellement frémissante des sentiments les plus généreux, les plus français, cette assemblée a offert le spectacle d'un ordre parfait, d'une touchante union.

Honneur à vous, nos camarades, qui avez donné cet exemple à vos concitoyens ! Partout déjà dans la légion, ces réunions fraternelles s'organisent, et contribueront puissamment à ramener la confiance dans les cœurs. Notre République est à jamais fondée pour le bonheur de la patrie, puisqu'elle a pour bases les trois vérités qui régiront désormais les sociétés humaines : la Liberté, l'Égalité, la Fraternité.

Les Capitaines de la 3e Compagnie du 4e Bataillon de la 7e Légion,

ANGOT,
BARBIER.

9 Avril 1848.

PRÉFACE.

Le discours qu'on va lire n'était pas destiné à l'impression. L'auteur, cédant aux instances de ses camarades, s'est décidé à le livrer à la publicité, pour répondre autant qu'il le pouvait à leur bienveillance et à leur amitié. Il profite de cette circonstance pour les remercier avec effusion de l'accueil sympathique et fraternel qu'ils ont bien voulu faire à l'expression de ses sentiments.

Il demande la permission de dire ici un mot à ceux qui ne font pas partie de la compagnie, et qui par conséquent n'ont pas les mêmes motifs pour le juger avec autant d'indulgence. Ce travail presque improvisé, doit se ressentir et se ressent en effet de la précipitation avec laquelle il a été écrit. Le lecteur voudra bien, nous l'espérons, pardonner les imperfections de style et la faiblesse de l'exécution, en faveur de l'intention toute patriotique de l'auteur.

JULES RENARD,
Sergent de la 3e Compagnie, 4e Bataillon,
7e Légion.

BANQUET FRATERNEL

De la 3e Compagnie du 4e Bataillon de la 7e Légion.

DISCOURS

PRONONCÉ

PAR LE CITOYEN JULES RENARD.

I

Citoyens, je ne sais si je vois juste et bien;
Mais ce n'est pas, je crois, une chose si vaine,
Lorsque dans un banquet la garde citoyenne
De sa vieille amitié resserre le lien.
Il est bon que parfois chacun de nous se montre
Mêlant la discipline avec l'égalité,
Et que dans ces jours-là chez nous on ne rencontre
Que l'amour de la France et de la liberté.
Ne nous séparons pas pour un sujet futile,
Citoyens! ce serait plus dangereux qu'utile,
Je vous le dis bien haut, si dans certains moments
On nous trouvait toujours divisés en deux camps:
Laissons là, croyez-moi, ces tristes disparates:
    Le privilége a fait son temps.
Ne classons plus les uns dans les aristocrates,
    Les autres dans les démocrates.
J'affirme, n'en déplaise aux anciens diplomates,
Que l'aristocratie est morte pour longtemps,
Pour toujours. Quels qu'ils soient, aimons les braves gens,
Et sans nous affubler d'un manteau misanthrope;
Ne cherchons point par trop à percer l'enveloppe,
Soyons frères d'abord, et loin d'être exigeants,
Pour les erreurs d'autrui montrons-nous indulgents.

Mais s'il existe encore une classe ennemie,
Qui voit nos bataillons avec un œil d'envie,
Prouvons au monde entier que nous avons chez nous,
Pour imposer silence à l'étranger jaloux,
L'union, le bon droit, la prudence, la force,
Et quand il le faudra, sachons leur dire à tous :
Ne mettez plus le doigt entre l'arbre et l'écorce,
Mil huit cent quinze est loin, Messieurs, restez chez vous.

II

Honorons tout d'abord le courage civique
Des citoyens qui portent le fardeau
Des intérêts de notre République ;
C'est un exemple noble et beau
De dévouement patriotique
Qu'ils ont voulu donner à la chose publique.
Nous leurs devons à tous notre sincère appui.
Je sais bien que leur récompense
Est dans leur cœur et dans leur conscience ;
Mais nous pouvons cependant aujourd'hui
Leur exprimer notre reconnaissance
De leurs efforts pour maintenir la France
A son rang glorieux de grande nation :
Le gouvernement provisoire
Aura sa place dans l'histoire
Avec la révolution !

III

Citoyens, pour savoir quelle est notre puissance,
Pour juger notre poids dans la grande balance,
Des droits européens, des droits du monde entier,
Contemplez l'horizon qui s'offre à votre vue :
Quand la France s'émeut, le continent remue ;
Quand le drapeau français, glorieux, fier, altier,
Entoure de ses plis la liberté naissante,

Les rois, les empereurs, sont frappés d'épouvante;
Au fond de leurs châteaux, les plus vieux potentats
Croient voir la République entrer dans leurs Etats.
Ils tiennent enchaîné le lion populaire;
Mais ils doivent comprendre, à ses désir ardents,
Aux longs rugissements de sa sourde colère,
Qu'il va bientôt briser la cage avec ses dents.
Mesurez le terrain que la liberté gagne:
L'Autriche, l'Italie et toute l'Allemagne,
Ont secoué le joug, dans un sublime effort;
Des frontières du Rhin aux frontières du Nord,
Gênes, Milan, Munich et la Saxe et la Prusse,
Tout marche, tout s'agite au seul nom des Français.
Ces nobles opprimés, ces braves Polonais,
Ecrasés sous le pied de l'autocrate russe,
Regardent en mourant l'aigle républicain
Et jettent la menace à ce nouveau Tarquin,
A ce tyran hardi dont la folle espérance
Veut passer sur leur corps pour attaquer la France.
Insensé! mais malgré ton or et tes soldats,
Il est un sentiment que tu n'éteindras pas,
Un sentiment plus fort que la souffrance,
C'est celui de l'indépendance;
C'est le désir, la soif, la ferme volonté
De jouir de ses droits et de sa liberté.
Entoure de houlans les vieux murs d'Andrinople,
Recule tes Etats jusqu'à Constantinople,
Pour t'agrandir tu n'as qu'à faire un pas;
César, Napoléon, qui soumirent le monde,
N'étaient point des héros dignes de Nicolas.
Des rives du Bosphore au bord de Trébisonde
Cours livrer de nouveaux combats;
Au gré de ton orgueil et de ta fantaisie
Plante ton étendard jusqu'au fond de l'Asie,
Agrandis-toi toujours! ton empire géant
Penche sans s'en douter vers un gouffre béant.
Mais que ta tyrannie et que ton insolence

Osent songer aux frontières de France !
Non, ne dégaîne pas ton sabre vermoulu,
O colosse du Nord ! ô monarque absolu !
La Pologne vivra, grâce à la République.
Elle souffre en silence, elle espère, elle attend.
Salut, honneur à toi, nation héroïque,
Qui pour ta liberté meurs, mais en combattant !
Les Polonais sont nos amis, nos frères ;
Ils ont versé leur sang dans plusieurs de nos guerres;
Ils ont pendant longtemps partagé nos succès,
Partagé nos revers, ils sont presque Français.
Que l'autocrate y pense et se souvienne
De l'exemple donné par un grand capitaine.
Napoléon au champ de bataille d'Eylau
Contemplait des vaincus le funèbre tableau ;
Et là, pour l'ennemi ne sentant plus de haine,
Il disait, découvrant son front victorieux,
Aux blessés qui passaient sur la sanglante arène :
Honneur au courage malheureux !
Nous pouvons dire, nous, à ce géant despote,
Ce qu'a dit un auteur illustre et patriote :
Nicolas, sois vainqueur ; il est moins glorieux
De vaincre comme toi que de mourir comme eux.

IV

En vous parlant d'une époque guerrière,
Je vous ai cité l'Empereur,
La politique ici peut un instant se taire,
Amis, quand il s'agit d'honneur,
Quand il s'agit de gloire militaire,
Du soldat couronné qui fit notre grandeur ;
Tout le monde est d'accord, car cela vient du cœur.
Oui, l'homme qui grava son nom aux Pyramides,
L'homme qui devant lui chassait les rois timides,
Le vainqueur d'Austerlitz, de Wagram et d'Eylau,
Qui devait succomber plus tard à Waterloo,

L'homme que Sainte-Hélène et ses rochers arides
Ont enchaîné captif jusqu'à sa mort,
Celui-là, quel que soit son sort,
Appartient tout entier à la France, à l'histoire.
Béranger nous l'a dit, et nous pouvons le croire;
Sous les Bourbons, lui qui chantait tout bas,
En parlant du héros dont le nom doit survivre :
« *Il fatiguait la victoire à le suivre,*
» *Elle était lasse, il ne l'attendit pas.* »
Voilà ce que disait Béranger le poëte,
Amoureux de la gloire et de la liberté,
Lui qui ne quitte pas sa modeste retraite,
Et qui ne veut d'autre célébrité
Que celle de l'honneur et de la probité.

V

Citoyens, la puissance aujourd'hui la plus fière,
Celle qui de tout temps conspira contre nous,
Et qui plus que jamais nous voit d'un œil jaloux,
Vous la connaissez tous, c'est l'Angleterre.
Pays du privilége et des vieux préjugés,
Pays qui veut encore, et comme la Russie,
Conserver au grand jour son aristocratie.
Oh! ces principes-là maintenant sont jugés.
De nos traités anciens nous sommes dégagés;
L'Angleterre armera sa flotte, sa marine,
Elle mitraillera le peuple révolté
Qui s'insurge contre elle et contre la famine,
Elle repoussera les vœux d'égalité;
Mais elle marchera toujours à sa ruine
Pour avoir fui la liberté.
Certes, nous avons eu de terribles épreuves;
Nous avons vu couler un sang bien précieux;
Nous avons vu tomber près de nous, sous nos yeux,
Des frères qui laissaient des orphelins, des veuves.
La République, au moins, les a tous adoptés

Ces enfants affamés, malheureux, attristés,
Et les hommes de cœur qui sont à notre tête
N'ont pas voulu remettre au lendemain
Pour secourir la misère et la faim.
Oui, le Gouvernement s'est fait notre interprète
En s'occupant d'abord *de leur donner du pain.*
Mais l'Angleterre a-t-elle de l'Irlande
Apaisé les douleurs qui surgissent partout?
Plus le mal est profond, plus la misère est grande,
Plus la famine est là, menaçante, debout,
Et plus la superbe Angleterre
Augmente ses renforts, dispose ses soldats.
Quand le sol est tout près d'éclater sous ses pas,
Elle veut employer la *rigueur salutaire.*
Elle ne sait donc pas que ce peuple en haillons
Peut lutter de courage avec ses bataillons?
Le désespoir aussi donne de l'énergie.
Du sang des Irlandais si la terre est rougie,
Si c'est la mort pour eux, et qu'importe à la fin
De mourir d'une balle ou de mourir de faim?
Je le répète, amis, oui, la Grande-Bretagne
S'illusionne encor sur sa prospérité,
Elle ne comprend pas que la Fraternité
Fera le tour du monde et que le flot la gagne.
Comme autrefois, si ses nombreux vaisseaux
De l'Océan vont sillonner les eaux
Pour imposer les lois de sa diplomatie,
Qu'elle songe parfois à la démocratie,
Qu'elle écoute son peuple et lui tende la main,
La France d'aujourd'hui lui montre le chemin.

VI

Citoyens, l'union complète, entière, intime,
Doit exister entre l'armée et nous,
C'est l'opinion unanime;
Et ce sentiment qui m'anime,

J'en suis certain, vous le partagez tous.
Car vous connaissez tous le courage héroïque
De nos marins, de nos soldats.
Pensons avec orgueil aux glorieux combats
Qu'ils ont livrés sur la terre d'Afrique.
Désormais ce sol africain,
Arrosé de leur sang, appartient à la France,
Et pour châtier l'insolence
De l'Arabe et du Marocain,
Je m'en rapporte à leur vaillance.
Et pourtant messieurs les Anglais
Disaient que nos soldats ne savent pas se battre,
Que les murs du Maroc craignaient peu nos boulets,
Et qu'enfin l'empereur, sans songer à combattre,
Nous attendait tranquille au fond de son palais.
Plus tard, de Mogador les forts et les murailles
Démolis, renversés par nos marins vainqueurs,
Ont su donner raison à nos vieux artilleurs,
Et ces arguments-là sont toujours les meilleurs.
Nous ne voudrions pas user de représailles,
Mais, franchement, personne ici ne croit
Qu'on ait gagné souvent de semblables batailles
De l'autre côté du détroit.
Gloire à ceux qui sont morts aux rives africaines !
Honneur aux anciens bataillons
Des époques républicaines
Qui dans l'Europe entière ont tracé leurs sillons !
Honneur aux vétérans qui foulèrent les plaines
Qu'Austerlitz éclaira de ses nobles rayons !
Honneur enfin à notre brave armée,
Par la victoire accoutumée
Aux succès dont longtemps l'Europe s'étonna,
Et qu'on nomme Aboukir, Eylau, Wagram, Iéna !
Unissons, pour le bien de la chose publique,
Cette armée invincible à la garde civique.
Nos pères ont été victorieux et grands,
Ils ont toujours gardé, dans leur âme aguerrie,

Un amour exclusif, l'amour de la patrie,
Qui les rendait partout vainqueurs et triomphants.
On ne les verra pas rougir de leurs enfants.

VII

Maintenant, citoyens, si je remplis mon verre,
C'est pour porter un toast aux anciens, aux nouveaux,
    A notre compagnie entière,
Officiers et soldats, sergents et caporaux.
Nous avons les premiers pris l'initiative
        D'un banquet fraternel ;
    Serrons nos rangs, quoi qu'il arrive,
Et souvenons-nous bien de ce jour solennel ;
Que notre compagnie en tous lieux soit connue
Pour son patriotisme et sa bonne tenue.
Travailleurs, employés, marchands, restons unis,
Que nos chefs désormais soient nos meilleurs amis,
    Et pour que la foule salue
    Notre drapeau, s'il passe dans la rue,
Conservons-le toujours, fier, noble, respecté,
Et défendons partout l'ordre et la liberté.

JULES RENARD.

9 Avril 1848.

Imprimerie Dondey-Dupré, rue Saint-Louis, 46, au Marais.

www.ingramcontent.com/pod-product-compliance
Lightning Source LLC
LaVergne TN
LVHW020500230826
846091LV00008BA/3288

* 9 7 8 2 0 1 1 7 7 5 3 5 1 *